AF456184

DESCENTE
EN ANGLETERRE,
PROPHÉTIE.

DESCENTE EN ANGLETERRE,

PROPHÉTIE

EN DEUX ACTES ET EN PROSE;

Représentée pour la première fois le 4 nivose, an 6, au Théâtre de LA CITÉ-VARIÉTÉS;

Paroles et pantomime du C.en MITTIÉ, musique du C.en ROCHEFORT, maître de musique du Théâtre des Arts (ci-devant Opéra.)

Marches, combats, siége et évolutions militaires dirigés par le citoyen DESHAYES, maître de l'école de danse du Théâtre des Arts.

Possunt quia posse videntur.

(PRIX, 15 s.)

Se trouve A PARIS,

Chez { Au café du Théâtre de la Cité;
GIRARDIN, Libraire, palais Egalité;
La C.ne TOUBON, galerie du Théâtre de la République.

DE L'IMPRIMERIE DE LA RUE DES MARAIS.

AN 6. — 1798.

Avertissement de l'Auteur.

« ALLEZ, par le châtiment du cabinet de » Londres, effrayer les Gouvernemens in» sensés, qui tenteroient encore de mécon» noître la puissance d'un Peuple libre. »

C'est ainsi que s'est exprimé le Président du Directoire lors de la fête du 20 frimaire, pour la ratification de la paix avec l'Empereur. Cette phrase seule suffiroit pour enflammer le génie d'un Républicain; l'Auteur Patriote doit s'emparer de toutes les impressions nationales capables d'électriser les peuples (1).

Des esprits timides et craintifs traitent une descente en Angleterre d'un beau rêve.... Mais la conquête de l'Italie étoit aussi un beau rêve... Après une guerre aussi glorieuse, qui efface des pages de l'histoire ce que les batailles d'Alexandre avoient de merveilleux, quels rêves assez hardis peuvent se comparer aux imposantes réalités dont l'Europe est témoin!

Déployer des préparatifs formidables, mettre en mouvement une armée déja victorieuse, confier au vainqueur de l'Italie le soin de rendre l'indépendance aux mers, couvrir ces plages asservies d'une forêt de mâts, présenter aux yeux d'Albion étonnée, d'un côté l'olivier de la paix, de l'autre, le bras vengeur d'un peuple libre; telle est la marche et l'attitude du Gouvernement Français, dont la vaste pensée embrasse la liberté des Nations.

(1) Je me plais à rendre justice au soin et à l'empressement qu'a mis l'Administration de ce théâtre à monter cette pièce, qu'elle a accueillie comme propre à former l'esprit public; je ne dois pas moins d'éloges au zèle des Artistes qui s'y sont tous distingués par leurs talens.

Personnages.	*Acteurs.*
FERGUSSON, tenant une taverne,	GENEST.
CLEMENTINA, sa fille, amoureuse d'Alphonse,	C.ne TRUCHY.
ALPHONSE, jeune français, prisonnier de guerre, échappé de sa prison, et réfugié dans la maison de Fergusson,	VALCOURT.
GORDON, chef de parti,	GUIBERT.
Plusieurs Anglais conjurés en faveur de la liberté.	
MURAI, traître vendu au parti de Pitt,	DUMONT.
HOUSSEY, Colonel, favorisant la descente,	RAFILE.
Un AIDE-DE-CAMP,	BOCHERESSE.
Un Régiment Anglais.	
Un SOLDAT de la garnison du fort,	CHEVALIER.
Un GUIDE ANGLAIS,	RENAUD.
Détachement de l'armée Française, dite d'Angleterre.	
Un GÉNÉRAL FRANÇAIS,	LAFFITE.
État-major français au complet.	
Le COMMANDANT du fort Anglais,	GOUGYBUS.
État-major anglais.	
Une voix dans la coulisse qui fait une proclamation,	DUVAL.
Peuple de Douvres.	
Des Trompettes.	
Trois Anglaises; la 1.re vêtue de blanc,	C.ne COULON.
La 2.e de rose,	GOURIER.
La 3.e de bleu,	DESARNAUD.

La Scène se passe à Douvres.

DESCENTE EN ANGLETERRE,

PROPHÉTIE.

ACTE I.

Le Théâtre représente une Taverne. Dans le fond est une porte bâtarde qui conduit à un petit souterrain ; c'est là que Clementina tient Alphonse caché depuis quinze jours. Sur la gauche de l'acteur, on voit une grande table et des chaises.

SCÈNE PREMIÈRE.

CLEMENTINA. (*Elle apporte un petit panier renfermant des provisions.*)

Enfin mon père est sorti.... Je puis donc jouir quelques instans du plaisir d'entretenir mon prisonnier.... Le pauvre malheureux ! quel sort ! Cacher son existence dans un souterrain.... Il y a cependant quinze jours qu'il n'a parlé qu'à moi seule. Ce jeune Français, échappé des prisons d'Etat, où il étoit horriblement maltraité, s'est refugié dans cette maison.... Ces maudits Geoliers l'auroient fait périr.... Pourquoi a-t-il souffert des maux inouis ? Parce qu'il n'a pas voulu quitter, même en Angleterre, la cocarde tricolore.... Ce cher Alphonse !.... combien il m'intéresse ! .... je suis forcée de l'avouer. .... O ciel ! si mon père le savoit.... Cependant il aime les Français ; il ne partage pas les préjugés de sa Nation : il prétend que la haine est un vice. Pour moi, je puis répondre de ne pas en être atteinte, surtout à l'égard d'Alphonse.... Je n'ai pu lui rien apporter depuis vingt-quatre heures.... Il doit mourir de faim. (*regardant son panier.*) Ces provisions viendront fort à propos.... Fermons bien la porte (*elle va la fermer*) de crainte de surprise.... Un seul moment pourroit tout perdre.... (*Après avoir bien regardé.*) Bon.... *Elle entr'ouvre la petite porte bâtarde, en disant :*. Sortez....

SCÈNE II.

CLEMENTINA, ALPHONSE.

ALPHONSE.

Ah ! ma chère Clementina !

CLEMENTINA.

Vous devez avoir faim.... mangez.

ALPHONSE.

Il est vrai que je commençois....

CLEMENTINA (*lui verse à boire.*)

Tenez, buvez d'abord.... (*il boit.*) A présent, mangez.... Voici vos provisions, au moins pour deux jours.... car je ne sais s'il me sera possible de venir demain.... Il se prépare de grands événemens.

ALPHONSE.

J'ai entendu hier à travers la serrure de ma porte.... Ces braves Anglais qui viennent ici, conspirent pour rendre la liberté à leur patrie.

CLEMENTINA.

Oui, ils disent que le moment du courage est

arrivé, et que si le peuple vouloit, il auroit bientôt terminé une guerre aussi désastreuse.

ALPHONSE.

Oui sans doute.

CLEMENTINA.

Ah ! qu'il me tarde de voir finir tout ceci, pour sortir des inquiétudes mortelles où je suis pour vous.

ALPHONSE.

Tendre amie ! quels soins généreux !

CLEMENTINA.

Je les prends avec plaisir ; ..... mais depuis le jour où vous vous êtes refugié dans cette maison, je n'ai pas eu une seule minute de repos.... Je tremble toujours qu'on ne vienne nous surprendre, ou vous découvrir....

ALPHONSE.

O ma bienfaitrice ! ....

CLEMENTINA.

Encore, je vous ai déja défendu de vous servir de ce mot... Ne connoissez-vous pas de noms plus doux ?

ALPHONSE (*transporté.*)

Mon amour vous les prodigue tous.... et ma vie entière.... Clementina, recevez le serment.

CLEMENTINA (*avec tendresse.*)

Ah ! mon ami ! . . . mais prenez garde. . . je crois entendre du bruit... (*Elle court à la porte pour écouter.*) Je ne me trompe pas. On vient. (*Avec effroi.*) Il n'y a pas une minute à perdre... Sauvez-vous....

ALPHONSE (*la serre sur son sein.*)

Clementina ! je ne regrette plus ma captivité, puisque je suis sous ta garde. *Il rentre dans la cachette.*

CLEMENTINA.

Ah ! mon dieu ! et le panier ! Etourdis que nous sommes. (*Elle lui donne vîte le panier.*) On frappe à la porte.

SCÈNE III.

FERGUSSON, CLEMENTINA.

FERGUSSON (*regardant avec attention.*)

Pourquoi cette porte est-elle fermée ?

CLEMENTINA (*confuse.*)

Mon père....

FERGUSSON.

Eh bien ! mon père....

CLEMENTINA.

Vous étiez sorti.... et....

FERGUSSON.

Eh bien ! j'étois sorti.... mais cela ne vous obligeoit pas de vous enfermer ici.... Je ne sais ; cette conduite cache du mystère... Oh ! je découvrirai.... et malheur à vous si....

CLEMENTINA (*à part.*)

Je tremble... heureusement il ne connoît pas la porte du souterrain ; il la croit condamnée.

FERGUSSON.

Vous paroissez interdite...., Mais laissons cela. D'autres objets....

CLEMENTINA.

Oui, mon père.....

FERGUSSON.

Toute la ville de Douvres est en fermentation.... Je viens de voir nos amis... ils doivent se réunir ici dans une heure, pour prendre un parti décisif... Le courage est plus nécessaire que jamais. Les recherches sont multipliées avec une inquisition révoltante depuis la disparition de ce jeune Français.... Oui, l'adresse qu'il a eue de s'échapper de sa prison, a redoublé la surveillance du Commandant de la place.... Les ordres les plus précis sont donnés.... L'infortuné pourra-t-il se soustraire au coup qui le menace?...

CLEMENTINA.

Ah! (*Elle chancelle.*)

FERGUSSON.

Qu'as-tu, ma fille?

CLEMENTINA.

Mon père, la pitié si naturelle....

FERGUSSON.

J'approuve cet intérêt.... (*A part.*) Ceci confirme mes soupçons.... Si cela étoit, je l'en aimerois encore plus.

CLEMENTINA.

Mon père.... on n'a aucun soupçon de sa retraite?

FERGUSSON.

Non.

CLEMENTINA.

Ah! tant mieux.

FERGUSSON.

Mais on le cherche par-tout.

CLEMENTINA.

Ciel !

FERGUSSON.

Justement.... (*à part.*) C'est elle qui l'a sauvé.... tant mieux. (*Haut.*) Mais nous ne pensons pas qu'il est tard... on va venir... tu n'as encore rien préparé, ma chère enfant.... Depuis que j'ai renvoyé tous mes garçons, afin de ne pas être espionné, tu as bien de la peine.

CLEMENTINA.

Mon père, je la prends avec plaisir.... (*à part.*) Il ignore que j'ai des soins bien plus inquiétans.

FERGUSSON.

Allons, ma Clementina, descends, vois si tout est en ordre là-bas, et n'ouvre qu'aux personnes que tu connois bien.

CLEMENTINA.

Oui, mon père....

FERGUSSON.

Prenons garde d'être découverts.

CLEMENTINA.

Ne craignez rien. (*Elle sort.*)

SCÈNE IV.

FERGUSSON (*seul.*)

Oui ; tout me confirme que ma fille est la libératrice de ce jeune prisonnier Français... Ah ! je reconnois là son ame généreuse... mais ne cherchons pas à pénétrer son secret.... que la décence me force de respecter.... Ce jeune homme est victime de la tyrannie, et comme nous touchons au moment de la renverser, ou de périr par elle, il partagera notre sort, s'il est dans ma maison... Cette journée sera terrible.... Mais voici Murai.... c'est le seul des Conjurés en qui je n'aie pas une confiance entière.

SCÈNE V.

FERGUSSON, MURAI.

MURAI.

Comment ! j'arrive le premier ; encore personne ici?

FERGUSSON.

Vous voyez.... (*à part.*) Ce zèle affecté m'est suspect.... Il est toujours plus pressé que les autres...

MURAI. (*Il tient un gros paquet.*)

J'apporte tous les journaux français.... Avez-vous déja lu la proclamation du Directoire exécutif de cette République ?

FERGUSSON.

Oui ; j'y reconnois l'énergie de son gouvernement.

MURAI.

Je ne sais ce qu'en pensera le nôtre.

FERGUSSON.

Notre gouvernement ! il touche à sa perte...

MURAI.

Quels garans en avez-vous ?

FERGUSSON.

Quels garans ? Sa perfidie et son machiavélisme.... (*Ton sentencieux.*) Tout gouvernement fondé sur l'injustice et le crime, doit périr.

MURAI, (*à part.*)

C'est justement là ce qui me rassure.

FERGUSSON.

Murai... prenez garde de vous tromper... les erreurs, ou les fautes en révolution coûtent cher.

MURAI.

Je le sais ; aussi j'y prends garde.... (*à part.*) Ils sont perdus. (*On entend la sonnette.*)

FERGUSSON.

Ma fille a sonné..... C'est le signal convenu, voici nos amis.

SCÈNE VI.

FERGUSSON, MURAI, HUIT ANGLAIS, GORDON, (*chef de parti.*)

MURAI.

ARRANGEONS la table et les chaises.

(*Les conjurés se donnent des marques d'amitié... Ils s'assoient autour de la table, il règne un moment de silence.*)

SCÈNE VII.

LES CONJURÉS.

CLEMENTINA (*apportant du punch.*)

Voici ce qu'il vous faut... Maintenant je me retire. (*Elle sort en jetant un coup-d'œil du côté de la porte bâtarde.*)

SCÈNE VIII.

LES CONJURÉS.

GORDON (*il tient un plan à la main; il s'assied au milieu de la table.*)

Mes amis, nous n'emploierons pas aujourd'hui notre temps à lire les papiers français... tout intéressans qu'ils soient pour nous.

MURAI (*avec un ton concentré.*)

Non, nous avons des choses plus pressées; c'est peut-être la dernière fois que nous nous assemblons.

GORDON.

Le moment de la crise est arrivé... Nous marchons sur des volcans.

FERGUSSON.

Nous le savons.

MURAI (*à part.*)

Je vois qu'ils sont instruits. Mais la foudre est sur leur tête.

GORDON.

Mes amis, je ne vous rappellerai pas les crimes du gouvernement Anglais, la longue tyrannie qu'il exerce sur les mers, les désastres qu'il a portés dans les colonies, les ressorts perfides qu'il fait jouer pour perpétuer le fléau de la guerre; je ne vous parlerai pas de ce *Pitt*. Vous savez tous que l'astuce est son moyen, la fourberie son élément, et que sa politique infernale sacrifieroit à son ambition toutes les nations belligérantes.

FERGUSSON.

Oui, il est temps d'arrêter les complots homicides de ce destructeur du genre humain.

UN CONJURÉ.

La philosophie l'a déja voué à l'exécration des peuples.

GORDON.

Vous avez tous entendu tonner l'éloquence du célèbre Fox... patriotes Anglais. Il vous rappelle à vos droits.

FERGUSSON.

Nous saurons les défendre !

GORDON.

Sa voix invoque la liberté.

FERGUSSON.

Nous l'obtiendrons au prix de notre vie.

GORDON.

Mais sans s'arrêter à d'inutiles discours, songeons à exécuter notre plan.. Vous êtes tous décidés à favoriser la descente des Français pour rompre vos fers, et rendre la liberté à votre patrie avilie ?

LES CONJURÉS.

Oui ! oui !

FERGUSSON.

Nous en faisons le serment.

GORDON.

Nous avons pour garans de la victoire, Fox et ses amis, notre courage et Buonaparte.... Le génie de la liberté veille sur les peuples. Il va écraser les tyrans. (*Il déroule un grand papier.*) Dans deux heures la descente doit s'effectuer. Le régiment qui est dans cette ville a pour chef le brave Houssey... nous pouvons compter sur lui.... Mais nous avons tout à redouter du Commandant du fort; il est vendu à *Pitt* et à ses infâmes Agens... Il faut le prévenir et porter les premiers coups.

FERGUSSON.

C'est mon avis. (*S'adressant aux autres.*) Est-ce le vôtre ?

LES CONJURÉS.

Oui ! oui !

GORDON.

Hé bien ! que l'un d'entre nous se détache pour se rendre auprès de Houssey, et qu'il nous l'amène ici secrètement pour prendre les mesures militaires.

MURAI (*se lève avec empressement.*)

Je me charge de cette mission.

GORDON.

Je te la donne.

FERGUSSON.

Gordon ! que faites-vous ? Je déclare que Murai n'a pas ma confiance.

MURAI.

Comment ai-je pu la perdre ?

GORDON.

Que craignez-vous, Fergusson ?... Murai ne sait-il pas que, s'il nous trahissoit, la mort seroit son partage ? Quand on a une fois embrassé un parti, et qu'on l'abandonne, on court une chance de plus, et cette chance, est *l'échaffaud* : voilà le sort inévitable d'un traître... Allez, Murai !

Il sort.

SCÈNE IX.

GORDON, LES AUTRES CONJURÉS.

FERGUSSON.

Je blâme ce choix. Voilà une imprudence qui nous perdra.

GORDON.

Fergusson, bannissez, bannissez ces craintes pusillanimes. Nos moyens sont assurés. Ils triompheront même de la lâcheté d'un traître, si jamais Murai pouvoit le devenir.

FERGUSSON.

Je souhaite me tromper.

GORDON.

Au même instant où nous porterons les coups à *Douvres*, la conjuration éclatera au sein de *Londres*... Que le cabinet de Sainte-James frémisse... *Fox* est tout prêt. Sa main puissante a soulevé l'Ecosse et l'Irlande... et tandis que la mer va présenter une forêt de mâts, des phalanges républicaines sortiront comme du sein de la terre, pour exterminer à la fois les oppresseurs de ma patrie.... Amis, cette journée décide de notre sort. *Houssey* va venir; son régiment est tout prêt : êtes-vous d'avis de commencer l'attaque ?

LES CONJURÉS.

Oui ! oui !

Au meme instant on entend pousser des cris dans la salle basse. Ce sont ceux de Clementina, *qui a été effrayée de l'apparition subite des troupes. Le Commandant du fort, averti par* Murai, *lui a aussitôt donné un détachement pour faire arrêter les conjurés.*

Il règne un moment de silence.

FERGUSSON.

Ma fille pousse des cris d'effroi ! Je vole à son secours. (*Il ouvre la porte du fond, et rentre un instant après.*) Nous sommes trahis, je l'avois prévu.

SCÈNE X.

GORDON, FERGUSSON, MURAI, LES AUTRES CONJURÉS et CLEMENTINA.

Clementina entre en poussant des cris.... elle est suivie par Murai qui, à la tête du détachement, vient pour arrêter les Conjurés.

GORDON (*à Murai.*)

Le scélérat !

Les Conjurés essaient de faire résistance, mais en vain : il faut céder à la force.)

MURAI.

Infâmes conspirateurs ! vous m'avez cru assez criminel pour embrasser votre parti... mais je n'ai feint d'y entrer que pour connoître vos secrets ; j'avois instruit le Ministre Pitt de vos manœuvres, et c'est par ses ordres que vous êtes arrêtés aujourd'hui.... Marchez.... on va vous juger.

GORDON.

Monstre ! tu périras : ta mort est inévitable. Tu serois le premier traître qui n'auroit pas été sacrifié par ceux même qui l'ont employé. Les tyrans brisent l'instrument quand ils s'en sont servi.

MURAI.

Je brave tes impuissantes menaces. (*Aux gardes.*) Marchez. (*On entraîne tout le monde en prison. Clementina veut suivre son père et les conjurés ; les gardes l'en empêchent.... Elle tombe sur une chaise, et s'évanouit.*)

SCÈNE XI.

CLEMENTINA, ALPHONSE.

ALPHONSE (*ouvrant la porte du cabinet, avec effroi.*)

Clementina évanouie ! ô ciel ! quelle scène d'horreur elle vient d'essuyer !..... Clementina ! c'est moi !

CLEMENTINA (*revenue à moitié.*)

Ah !

ALPHONSE.

C'est moi ! c'est Alphonse ! c'est votre ami !

CLEMENTINA (*se levant.*)

L'indignation ranime mes forces... Le perfide Murai les a fait enlever.... Ils sont perdus ! Le Commandant du fort va les sacrifier à la vengeance du gouvernement Anglais.... déja, sa politique dicte leur arrêt.

ALPHONSE.

Si je n'avois écouté que ma fureur, j'aurois paru, j'aurois défendu.... mais seul, sans armes, que pouvois-je contre ces satellites ?

CLEMENTINA.

Avant de traîner mon père au supplice, ils m'arracheront le jour.

ALPHONSE.

Clementina, comptez sur mon courage....

CLEMENTINA.

Proscrit, persécuté.... vous iriez offrir une victime de plus à leur rage....

ALPHONSE.

Écoutez-moi, Clementina.

CLEMENTINA.

Je ne veux rien entendre.

ALPHONSE.

Je vais.....

CLEMENTINA.

Non, demeurez.

ALPHONSE.

Vous m'avez donné l'hospitalité, et pour prix de ce bienfait, je demeurerois froid témoin....

CLEMENTINA.

Non ; je saurai seule....

ALPHONSE.

Ecoutez-moi, je vous en conjure... Si le commandant triomphe en ce moment, son triomphe ne sera pas de durée.... Il n'a point encore étouffé la voix du peuple... Il nous reste des défenseurs... leur courage....

CLEMENTINA.

Ah ! que peut le courage de quelques hommes contre la force des baïonnettes ?....

ALPHONSE (*avec enthousiasme.*)

Le peuple nous secondera....

CLEMENTINA.

Il est sans armes.

ALPHONSE.

Nous en trouverons ... Nos amis....

CLEMENTINA.

Ils sont dispersés.

ALPHONSE.

Nous les réunirons....

CLEMENTINA.

Non, je ne souffrirai pas que vous vous exposiez à la férocité de vos persécuteurs... Seule, je remplirai envers mon père et la patrie, le double engagement de la nature et de la société. Je vole chez le brave Houssey, j'irai dans les tavernes, j'échaufferai les esprits ; il existe encore des amis de la liberté.... ils entendront ma voix, ils ne résisteront pas aux larmes d'une femme au désespoir....

ALPHONSE.

Je vous suivrai.

CLEMENTINA.

Vous seriez reconnu , arrêté.

ALPHONSE.

Je ne connois plus de dangers.

CLEMENTINA (*avec l'enthousiasme du courage.*)

Eh bien ! j'y consens, nous les braverons ensemble... La vue d'un Français rallumera le courage de nos partisans.... J'armerai leur bras, vous dirigerez leur marche; je ferai passer dans leurs cœurs l'enthousiasme qui m'enflamme... Dans les grands périls , les femmes ont souvent fait des prodiges ; je donnerai l'exemple de ce que peuvent l'amour filial et la haine de la tyrannie; si nous succombons , je n'offrirai aux oppresseurs de ma patrie que les restes inanimés d'un cadavre sanglant.

ALPHONSE.

Je vous ferai un rempart de mon corps... Marchons.

Fin du premier Acte.

ACTE II.

Le Théâtre représente le port de Douvres. Sur le côté gauche, on voit un fort, le pavillon anglais y flotte; au bas du fort est une redoute établie sur un rocher baigné par les flots; elle est hérissée de canons et défend la côte, au fond est la mer; sur un des côtés sont les maisons de la place; de l'autre, une campagne.

Au lever du rideau, la nuit est prête à finir, le théâtre est éclairé par les fanaux des remparts.

Une pièce de canon est braquée sur la campagne en avant du fort.

Un peloton blanc est au bivouac près la mer.

Un autre rouge près l'avant-scène.

Des sentinelles sont posées çà et là.

Trois coups de baguette annoncent l'arrivée du Commandant.

Il vient suivi de son Etat-major, et accompagné de flambeaux, précédé de deux Aides-de-camp.

Il fait la reconnoissance de ses postes, et voyant tout en bon ordre, il va se retirer, lorsqu'on lui annonce l'arrivée d'un détachement envoyé à la découverte.

Le Commandant se fait rendre compte de ce qui se passe au dehors; l'Officier lui dit que l'on remarque beaucoup de mouvemens, et que l'on signale une flotte.

Le Commandant fait reployer sa troupe, et tout rentre dans le fort, le Commandant et sa suite.

SCÈNE PREMIÈRE.

MURAI.

Je respire enfin... Nos Conjurés sont en sûreté. Il étoit temps.... Leurs mesures étoient bien prises....

mais je les avois prévenus. Le Commandant du fort devoit les faire arrêter dans la journée.. heureusement l'imprudent *Gordon*, par sa mission, m'a fourni lui-même le moyen de hâter les coups... Son aveugle confiance l'a perdu.... Tout va bien... cependant ma vengeance est incomplette. . . . J'aurois dû aussi faire arrêter la jeune *Clementina* comme complice. Mais nous saurons la retrouver.... On vient.

SCÈNE II.

MURAI, UN SOLDAT.

MURAI.

Que me veux-tu ?

LE SOLDAT.

Je viens vous apprendre que les signaux annoncent une escadre en mer... On présume que c'est la flotte française.

MURAI.

Déja ! ciel ! et le courier que j'ai expédié à la Cour pour faire changer le régiment qui est ici, n'est pas encore de retour.... Il existe deux partis dans cette ville, et je ne puis compter que sur le Commandant du fort et sa garnison.

LE SOLDAT.

Nous vous sommes tous dévoués.

MURAI.

Cette subite apparition me plonge dans un cruel embarras.

LE SOLDAT.

Une autre nouvelle, que l'on tient pour certaine,

ne vous causera pas moins d'inquiétude.... On m'a assuré que le Capitaine d'un navire, qui a déja, dans une autre occasion, manifesté des mouvemens d'insurrection, a gagné son équipage pour faire descendre secrètement un corps de troupes françaises.

MURAI (*avec effroi.*)

Ciel ! que m'apprends-tu ?

LE SOLDAT.

Introduits dans la ville, malgré la vigilance de vos espions, ils sont cachés dans plusieurs maisons, et n'attendent que le moment de paroître.

MURAI.

Il faut les découvrir.

LE SOLDAT.

On m'a ajouté, qu'ils devoient, à la faveur de la nuit, venir sur cette place reconnoître la position du fort, afin de se réunir au parti des Conjurés que vous avez fait arrêter ce matin.

MURAI.

Il faut les épier.

LE SOLDAT.

En accourant vers vous, j'ai apperçu quelques soldats qui vouloient se dérober aux regards de la multitude.

MURAI.

Il falloit les suivre.

LE SOLDAT.

Ils m'ont paru se diriger vers cette place.... Il est possible qu'en nous tenant à l'écart, nous les appercevions.

MURAI (*bas.*)

Chut ! chut ! je crois entendre un bruit sourd.

LE SOLDAT.

Ce sont les pas de plusieurs hommes.

MURAI.

Cachons-nous derrière le rempart pour les observer.
(*Ils se mettent en embuscade.*)
Pendant cette scène, le Général Français, avec deux Officiers de sa suite et un guide, ont paru dans une chaloupe pour arriver à terre; ils ont débarqué.

SCENE III.

MURAI, LE SOLDAT *cachés.*

LE GÉNÉRAL FRANÇAIS, UN GUIDE ET SA TROUPE.

On distingue dans l'ombre le Général Français et sa troupe dont les pas sont dirigés par un guide Anglais. . . . . Ils s'avancent avec précaution et à très-petit bruit. . . . . Ils s'arrêtent un instant pour observer le fort. . . . Le Général, par son geste, ordonne aux siens le plus grand silence; ils parcourent le théâtre toujours baïonnette en avant; ils filent le long des murs du fort; le Canonnier de la redoute crie : Qui vive? *Le Guide répond :* Patrouille. *Le Guide arrivé au point indiqué annonce au Général Français que le chemin qu'il lui montre, conduit au lieu de réunion des patriotes Anglais.*

LE GUIDE.

Voici le chemin qui conduit à l'endroit que l'on nous a indiqué.

LE GÉNÉRAL FRANCAIS.

Nous y attendrons le moment du signal. (*Il sort avec sa troupe.*)

SCÈNE IV.

MURAI, LE SOLDAT.

MURAI.

Cette découverte est de la plus grande importance.... Il faut sur-le-champ nous rendre au fort.

LE SOLDAT.

Je vous suis, mais... (*Regardant dans la coulisse.*) j'apperçois le colonel Houssey... qui commande le régiment....

MURAI.

C'est notre plus redoutable ennemi.... cependant il faut dissimuler jusqu'au retour de mon courier.

LE SOLDAT.

Il est suivi d'une jeune fille.

MURAI.

Justement. C'est Clementina. Leur sort est dans mes mains : qu'ils tremblent. Retirons-nous sans être apperçus. (*Il s'échappe avec le soldat.*)

SCÈNE V.

LE C.el HOUSSEY et CLEMENTINA.

(*Le jour paroît par degrés.*)

CLEMENTINA (*avec l'accent de la douleur.*)

Je le vois; ma douleur vous fatigue, et mes larmes vous importunent.

LE C.el HOUSSEY.

Clementina, vous m'offensez par ce discours; mais je pardonne à une fille tendre....

CLEMENTINA.

Pourquoi arrêter l'effet de mon courage? je saurai périr, ou sauver mon père et ses amis...

LE C.el HOUSSEY.

Je veux y mettre obstacle.

CLEMENTINA.

Pouvez-vous m'ôter mon désespoir et prescrire des loix au malheur opprimé?

LE C.el HOUSSEY.

Je saurai vous empêcher de vous perdre vous-même... songez au sort de l'infortuné Alphonse..... ce jeune homme reconnu, arrêté...

CLEMENTINA.

Arrachez-moi donc la vie.

LE C.el HOUSSEY.

Rassurez vos esprits, écoutez les conseils de la prudence.

CLEMENTINA.

Des conseils! des conseils! quand la mort, quand le fer des assassins menace leur tête!...

LE C.el HOUSSEY.

Si je cédois à vos prières, si je faisois un mouvement pour délivrer ces malheureuses victimes, on ne manqueroit pas de me traiter de séditieux; le parti de Pitt me perdroit, et ma chûte entraîneroit celle de tous les amis de la liberté....

CLEMENTINA.

Nous périrons du moins pour leur cause.

LE C.[el] HOUSSEY.

Ce ne seroit pas les sauver..... Calmez votre impatience.... mes ordres sont donnés : l'attaque ne peut tarder ; je puis même espérer d'être secouru par les Français.

CLEMENTINA.

O mon père ! O Alphonse !... Le ciel m'est témoin que je voulois me sacrifier pour vous délivrer.

Alors on entend le roulement du tambour.... On fait dans la coulisse la proclamation suivante :

Peuple Anglais ! des hommes convaincus de sédition avoient formé le complot de favoriser la descente des ennemis, pour anéantir votre gouvernement. Ces criminels de lèze-majesté sont condamnés à mort ; on va les traîner au supplice... Les principaux coupables sont : *Gordon*, *Fergusson* et *Alphonse*, jeune Français, qui étoit aussi leur complice. (*Roulement.*)

Au premier instant Clémentina se trouve mal, elle tombe dans les bras de Houssey qui la soutient.... puis recouvrant ses forces, elle s'écrie :

Les monstres ! ils n'auront pas la vie de mon père, je vole....

LE C.[el] HOUSSEY.

Que faites-vous ? (*Il la retient.... elle cherche vainement à s'échapper.*)

SCENE VI.

Le Colonel HOUSSEY, CLEMENTINA, UN AIDE-DE-CAMP.

L'AIDE-DE-CAMP.

Mon Colonel, mes camarades m'envoient vers vous... Ils sont tout prêts... Vous savez ce qui se passe.

LE C.[el] HOUSSEY.

Je le sais... Il n'y a pas une minute à perdre... Il faut

brusquer l'attaque.... mais prenez soin de cette jeune fille.... ne souffrez pas qu'elle vous échappe.

L'Aide-camp retient Clementina; Houssey parcourt le théâtre pour reconnoître ce qui se passe. Alors on entend un coup de canon qui annonce que l'on va mener les Conjurés à la mort.

L'AIDE-DE-CAMP.

Ciel ! voilà le signal fatal du supplice.

Clementina tombe évanouie et demeure sans connoissance....

Pendant ce temps, le Commandant du fort paroît sur la tour, accompagné de Murai et d'un Officier général : l'on ajuste une lunette d'approche ; le traître Murai fait signe qu'il apperçoit la flotte française... Les remparts se remplissent... Le commandant donne l'ordre au Canonnier de la redoute de mettre le feu à une batterie ; mais au moment où il tient la mèche allumée, le colonel Houssey lui tire un coup de pistolet qui le tue (un coup de pistolet étoit le signal convenu avec le Général Français) ; cela excite du mouvement dans le fort, on y bat la générale, aussitôt les plates-formes sont couvertes de troupes... Le colonel Anglais fait signe à l'Aide-de-camp d'enlever Clementina. L'aide-de-camp l'entraîne du côté opposé à celui où s'est faite la proclamation.

LE COLONEL ANGLAIS.

A moi, braves Anglais !

LE GÉNÉRAL FRANÇAIS.

A moi, braves Français !

Alors sur le côté gauche, on voit arriver un détachement anglais qui vient se ranger en bataille avec deux pièces de canon, et sur le côté droit le détachement français... Les deux Généraux se reconnoissent, se parlent à l'oreille, et dirigent ensemble les préparatifs du siége ; pendant ce temps les Officiers Français donnent des cocardes aux troupes du colonel Houssey.... On apporte des échelles.... l'attaque se pousse avec vigueur; on monte à l'assaut; le Commandant du fort a fait une sortie avec sa garnison. . . . . . . Les deux armées en viennent aux mains . . . . Pendant l'action, un vaisseau de l'escadre française est entré dans le port... Il a lâché une bordée sur la tour... des bateaux plats ont bombardé la place... On voit dans le lointain diverses barques chargées d'hommes.... Le général Français, dont la bravoure, secondée par celle du Colonel Houssey, a emporté le fort de vive force, joint sur le haut de la tour le traître Murai; il le provoque, Murai s'échappe dans l'intérieur de la forteresse, le Général le poursuit.... L'alarme s'est répandue dans la ville.... Les ennemis du gouvernement Anglais, encouragés par le siége du fort, ont sonné le tocsin... Tout annonce que l'attaque va se répandre sur divers points..... Alors des coups de fusil redoublés rappellent l'attention du spectateur sur la tour.... Le général Français qui poursuit Murai et les siens jusque dans ses derniers retranchemens, saisit Murai, l'entraîne sur le bord des crénaux, le désarme, le renverse, le perce de plusieurs coups et le précipite dans la mer. . . . Il arrache le pavillon anglais et plante à sa place celui de la République. . . . La descente se fait, l'insurrection devient universelle.

Le Commandant Anglais reparoît, se défend contre un parti français : il cherche à rentrer dans le fort; mais le chemin lui est tout-à-coup fermé par un détachement de grenadiers.

LE GÉNÉRAL FRANÇAIS (*au Commandant.*)

Rendez-moi votre épée.

LE COMMANDANT DU FORT ANGLAIS.

Non; je veux avoir la gloire de mourir sous mes remparts.

Alors il le défie au combat; le général Français, quoique maître du fort, a la grandeur d'ame d'accepter. Ils se battent à outrance : le Commandant est désarmé. Dans ce moment, l'Etat-major Français s'approche du Commandant Anglais pour le faire prisonnier. De l'autre côté, les habitans de la ville de Douvres viennent avec des palmes et des couronnes prendre part à l'allégresse commune, et féliciter les Français. . . . . A leur tête, l'on voit trois femmes (emblême de la nation) habillées la 1.re en blanc, la 2.e en rose, la 3.e en bleu; elles offrent au général une couronne, une branche de laurier, un bouquet; le Général, une main étendue sur la Nation (représentée par les trois femmes) *et l'autre levée vers le ciel, jure d'être fidèle à son pays; allégresse des habitans. Le Commandant Anglais ne peut soutenir plus long-temps ce spectacle attendrissant; il se saisit du pistolet d'un officier qui se trouve près de lui, se brûle la cervelle et tombe : il est emporté.*

LE GÉNÉRAL FRANÇAIS.

Il étoit digne d'être Français.

Peuple Anglais ! qui avez su briser vos fers, apprenez que dans l'instant où une partie de l'escadre Française vient de débarquer, Buonaparte a effectué une descente générale... L'Écosse et l'Irlande se sont soulevées, et ont réuni leurs forces à celles de la République Française.

Ensemble.

LES ANGLAIS.	LES FRANÇAIS.
Houra ! houra !	Vive la République Française !

SCENE VII.

LES PRÉCÉDENS, CLEMENTINA.

CLEMENTINA *se jette aux pieds du général Anglais et du général Français.*

LIBÉRATEURS de l'Angleterre, oublirez-vous le

brave Gordon, ses amis et mon père, qui peut-être vont périr pour la liberté quand elle triomphe?

LE C.el HOUSSEY.

Nous saurons les délivrer.

L'AIDE-DE-CAMP.

Volons à leur prison.

PLUSIEURS ANGLAIS ET FRANÇAIS.

Nous irons tous. *Ils courent confusément pour délivrer les prisonniers; Clementina est à leur tête.*

SCÈNE VIII.

LES PRÉCÉDENS.

LE GÉNÉRAL FRANÇAIS.

Courageux Anglais! vous n'êtes plus asservis sous un esclavage honteux.... Mais il ne suffit pas d'opérer une révolution à Douvres; il faut encore imprimer ce mouvement à toute la grande Bretagne.... Nous venons pour affranchir les mers et rendre l'indépendance aux Nations opprimées. C'est dans Londres que règne la tyrannie; c'est dans Londres qu'il faut la renverser.

LES ANGLAIS ET LES FRANÇAIS.

Oui! oui!

SCENE IX et dernière.

LES PRÉCÉDENS, LES CONJURÉS, TOUT LE MONDE.

L'AIDE-DE-CAMP *au général Houssey.*

Nos vœux ont été prévenus.... Le peuple indigné avoit brisé les portes de leurs cachots.... Le peuple a sauvé ses amis....

GORDON.

Nous eussions péri pour lui sans régret..... Notre vie appartient à la patrie.

LE C.el ANGLAIS *au Général Français*.

Je vous présente, au nom du peuple Anglais, d'illustres martyrs de la liberté.... Ils alloient monter sur l'échaffaud. Ces hommes conspiroient contre notre gouvernement.

LE GÉNÉRAL FRANÇAIS *les embrasse*.

Nous conspirerons avec vous... la liberté nous appelle... Ecoutons sa voix (*regardant Alphonse.*) Ce jeune Français en étoit aussi.

ALPHONSE.

Ah ! mon Général, quel heureux jour ! il rempliroit tous mes vœux, si j'avois partagé vos dangers et votre gloire.

LE GÉNÉRAL FRANÇAIS.

Quoi ! mon ami, tu étois dans les fers ?

FERGUSSON.

Il étoit sacrifié sans ma fille ; voilà sa libératrice.

LE GÉNÉRAL FRANÇAIS.

Ce trait honore son cœur.... mais le jour du bonheur ne doit luire qu'après la victoire.

ALPHONSE.

Qu'ils sont heureux mes compagnons d'armes ! ils vous ont suivi.... On dit, mon Général, que tous les Français vouloient être de l'expédition, et que le commercé de Paris ne pouvant en partager la gloire, tous les Négocians se sont empressés d'y contribuer en offrant des trésors à la République.

LE GÉNÉRAL FRANÇAIS.

A ce généreux dévouement, on reconnoît ma nation... Anglais, voici le moment de détruire le gouvernement britannique qui a causé vos malheurs, désolé vos voisins, mis l'Europe en feu.... Il est temps que la destinée des peuples ne dépende plus du caprice d'un seul... Tout s'insurge pour la liberté.... Le rendez-vous général des forces combinées est à Cantorbéry.

TOUS ENSEMBLE.

A Cantorbéry.

LE GÉNÉRAL *continue.*

C'est là, que nos phalanges se réuniront pour fondre sur le cabinet de Sainte-James.... C'est dans Londres que nous signerons la paix générale... C'est dans Londres que nous cimenterons le repos et le bonheur des peuples.

TOUS (*avec un enthousiasme universel.*)

Oui ; à Londres.... à Londres....

La troupe défile dans l'ordre suivant.

Les trois femmes (emblême de la nation) dont l'une présente la couronne en avant du Général. Elles sont précédées de deux Trompettes.

Le Général,
Son Etat-Major,
Les grenadiers,
Le peloton du drapeau,
Le bataillon allié,
Les canonniers,
Les autres régimens d'infanterie,
Les prisonniers Anglais,
Les habitans de Douvres.
Après plusieurs évolutions,

LE GÉNÉRAL FRANÇAIS.

Allons, mes amis, à Cantorbéry. Camarades, pas accéléré ; en avant, marche....

La troupe défile au pas redoublé ; alors le Général est entouré par les trois femmes, emblême de la nation. La toile tombe.

www.ingramcontent.com/pod-product-compliance
Ingram Content Group UK Ltd.
Pitfield, Milton Keynes, MK11 3LW, UK
UKHW021532260726
13993UKWH00004B/1952